AF248216

LE Citoyen TISSET
AUX AMIS DES MŒURS
ET DE LA VÉRITÉ.

Sur une sommation de Divorce, à lui signifiée le quatorze Février, au nom de demoiselle Sophie Besongne, son épouse, (malheureusement pour lui et ses enfans.)

CONCITOYENS,

Sᴏᴘʜɪᴇ Besongne, qui en fait d'infidélités conjugales, va très-vite en Besongne, me force à rompre le silence, par le ministère d'un huissier, sur ses frédaines et ses déportemens.

Ce silence, je m'étois résolu de le garder ; mais le papier timbré m'annonce que celle qui recherche le divorce est précisément celle qui a moins le droit de le demander : sur-tout au tems présent, où *les battus ne doivent pas payer l'amende.*

En lisant cet écrit, les sots me blâmeront; ils se diront à l'oreille que j'affiche publiquement *mon déshonneur*; car comme disoit Molière, parlant d'un époux justement irrité de cette erreur de son siècle :

« Des actions d'autrui l'on nous donne le blâme,
Si nos femmes sans nous ont un commerce infâme,
« Il faut que tout le mal ombe sur notre dos,
« Elles font la sotise et nous sommes les sots.

Non, non, plus de préjugés, je brave le ridicule, et si *madame Tisset*, est comme je vais le prouver une femme sans pudeur, oubliant les devoirs de la nature, de l'amour et de la raison, qu'elle porte seule le poids de son ignominie ; quant à moi, son mari, (*très-mari de l'être*), je lève orgueilleusement la tête

A

et me ris de l'opinion ; alors j'entre en matière. J'ai prononcé le serment sacré, de dénoncer tous les attentats contre les droits de la République, de joindre à mes dénonciations, celles des crimes et des mœurs qui nuisent à la société. J'ai cité sans crainte les auteurs des uns et des autres, quelqu'élevés qu'ils fussent, sans foiblir même contre le degré de famille, pourquoi faut-il que la femme que j'ai choisie pour être le dépôt précieux de mes affections, soit rangée au nombre des coupables qu'il est intéressant de démasquer. Citoyens, c'est un monstre de perfidie, et pourtant c'est ma femme.

A peu près, douze années d'un premier ménage terminèrent ma félicité, l'an 1790 éteignit mon bonheur je croyais, pauvre dupe, qu'il existoit au sein du mariage, et je cherchai à oublier dans les bras d'une seconde femme, les regrets cuisans que me causoit la perte de la première.

Mon inclination me conduisit à Rouen, et Sophie Besongne, alors fille, femme et veuve, eût l'avantage d'étourdir ma raison. Or, certes, ce fut mon premier tort. Je n'ignorois pas sa conduite scandaleuse, et que l'hôpital de Rouen, recellait dans son enceinte le fruit de ses premières débauches ; j'avois acquis cette triste connoissance par le commerce que je faisois depuis plusieurs années avec la dame Besongue, sa mère.

Je le redis encore, exempt de préjugés, ma mémoire s'éclipsa sur le seuil de sa maison. Je ne vis plus qu'une fille honnête, ayant choisi sa mère pour guide de ses actions à venir ; un dehors trompeur, jargon séduisant, phisique intéressant, me tournèrent la tête : l'âge de 23 ans me détermina ; j'épousai ; telle fut ma seconde sotise.

J'épousai ; cent louis de dote, avec un vase rempli d'imperfections, que je ne puis mieux comparer qu'à la boëte de Pandore, d'où sont sortis tous les maux qui infectèrent la terre, et ma troisième sotise fut de reconnoître, comme totalité, une légère partie de la somme promise ; mais amant délicat, la femme me tenait lieu de tout. Hélas ! devois-je penser que c'étoit un serpent que j'allois réchauffer dans mon sein, et à qui mon titre d'époux devoit servir de couverture ! Pauvres maris où en êtes vous ?

Les vertus de mon épouse furent célébrées. ; (*Les vertus d'une fille ayant un enfant à l'hôpital !*) On rima mon bonheur ; on osa me le prédire ; mais combien j'en étois loin !

Moi et l'humiliant fardeau dont je m'étois volontairement surchargé , nous arrivons à Paris , rue Pavée St.-Sauveur , n° 26. Ce domicile m'appartenoit ; j'y avois rassemblé la jouissance de l'ameublement , et cherché à éloigner tout ce qui pouvoit annoncer la médiocrité. C'étoit le fruit de mes épargnes. Ami de la révolution ; ennemi juré des tyrans des Tuileries et du despotisme , je me chargeois de tous les opuscules de la vérité , et les vendant ou les faisant vendre , je m'étois mis à même d'offrir à ma nouvelle compagne les avantages que je viens de citer.

La liberté de la presse , que je ne puis trop révérer, a annullé les efforts des méchans. J'en fus satisfait , et au lieu de colporter sous le manteau des vérités intéressantes , je m'annonçai tel que je fus , le dénonciateur des malversations. Ma signature fut le garant de la vérité , et quoiqu'il en fût , je bravai les parlemens , qui m'ont tenu sept mois et demi dans les fers, pour avoir mis au jour leurs prévarications et prédit leur décadence.

Que l'ombre de *Mirabeau* récrimine ! j'aurai toujours à lui reprocher de m'avoir enseveli dans les prisons de la force, pendant un temps considérable, pour avoir vendu son éloge.

J'ai dénoncé *la Fayette* ; alors tout le monde croyait à son imposture : le fruit de sa vengeance fut de faire constituer l'imprimeur au châtelet ; et moi , auteur de la vérité, Je sçus me soustraire à la vengeance des traitres ; je vis de loin l'orage et je m'en préservai, non pas en DURICRANE personnage de *l'ami des loix* , qui dénonçoit à tort et à travers , et sur de simples conjectures.

Qu'à mon exemple les citoyens qui me liront se débarrassent du préjugé ; moi, dépouillé de passions, je ne me livre qu'au langage de la vérité.

La librairie secrette cessant de m'offrir des ressources ; pour plaire à Sophie Besongne ; j'achetai le caffé Anglais rue St.-Honoré , près St.-Roch. C'est dans ce caffé que je m'apperçus des liaisons de ma Lucrèce, autrement dite, *Madame Tisset*, avec le nommé *Saublet*, (1). Il n'étoit plus tems d'arrêter le progrès du mal, il étoit à son comble ; à *Saublet*, succéda *Méjan de la Boissière*, locataire d'une chambre garnie, et occupé à l'assemblée législative, à la rédaction d'un journal.

Sophie Besongne, alors couronna l'œuvre : elle rendit le nommé *Méjan de la Boissière*, complice de ses forfaits *maritaux*, et lui donna, en excroquant la communauté, *subsistante entr'elle et moi*, une tabatière d'or et peut-être aussi les 25 Louis ; au moins, c'est ainsi que j'exprime le sens *proverbial*.

Convaincu du fait, oui, absolument convaincu, je poursuivis *Méjan* : le résultat de mes poursuites furent quatre billets qu'il souscrivit avec d'autant plus de confiance, que son insolvabilité étoit un obstacle à ma poursuite.

On doit bien s'attendre que je m'exhalai en reproches : à cela ma tendre épouse me répondit qu'elle avoit pû être égarée, mais que le nouvel état que je lui avois fait embrasser ne lui convenant pas, il étoit à propos qu'elle alla passer quelques jours chez sa mère, (2). Que cette retraite simulée l'éloigneroit de ses compagnies, et depuis, elle m'invita à l'établir marchande de modes.

Souscrivant aux moindres desirs de ma femme, j'en fis dont une marchande de modes, en contractant une société avec la femme de son Coëffeur, nommé *Jarousseau*, alors Perruquier, rue de Richelieu, et maintenant entrepreneur des capottes, et autres habillements de l'armée, dont le domicile est aujourd'hui rûe, J. J. Rousseau, vis-à-vis la poste, section du Contrat social. Je mets en note que le Coëffeur *Jarousseau*, a femme et enfans.

La paix du ménage ordinairement si rare, et pour la quelle un bon mari doit se sacrifier, me fit consommer une quatrième sottise.

---

(1) Courtier d'agent de change, que je me suis vû obligé de congédier, et qui plutôt deux fois qu'un, venoit en cabriolet faire l'amour à Madame mon épouse. Il demeuroit Fauxbourg St.-Denis, près St.-Lazare.

(2). Ce fût en Juillet 91, quel fit ce voyage, et que je fûs la rejoindre, et lui remis en main son enfant delaissé par elle dans l'hôpital, depuis 6 ans, environ.

Conformément aux desirs de *Sophie Besongne*, je vends mon caffé, je me mets gracieusement sur le corps un loyer de neuf cents livres par chaque année, et j'occupe cul-de-sac du coq St.-Honoré, une maison du Citoyen *Gattelier*, bijoutier en face de la rûe de Grenelle.

Je contracte donc une association respective, entre moi et *Jarousseau*, ainsi que nos femmes, et je laisse à juger à qui je me livrois, en apprenant à la foible partie du public qui, pourroit l'ignorer que ma digne épouse entretenoit une intelligence criminelle avec son Coeffeur. O ma confiance, que vous êtes bien placée ! C'est moi bénin mari, qui mets-mon épouse entre le bras d'un homme, qui, pour mieux me tromper, employoit souvent avec elle la voix de la remontrance; mais le temps qui découvre tout, m'apprît clairement que *je l'étois encore*.

Il faut en convenir, sans doute, je suis né sous une planette maudite, et le signe du capricorne présida à ma naissance. Cette dernière catastrophe qu'essuya mon front, eût pour témoins, quatre ou cinq garçons Perruquiers, deux Cuisinières, et la femme *Jarousseau*, etc. etc. dont le mari avoit retiré ma chaste *Sophie Besongne*, et dans le domicile duquel elle reçut le 17 Janvier 1792, une sommation à ma requête, à l'effet de rentrer dans son domicile, d'où elle n'auroit dû jamais sortir. De ce voyage elle rapporta la V.....

Souffrez, mes Concitoyens, que je tire le rideau sur ces scènes d'obscénités, et contentez vous de savoir, que si la pudeur répugnoit à croire aux faits et gestes, des *Messalines*, des *d'Olonnes*, *Sophie Besogne*, *femme Tisset*, copie vivante, de l'une et l'autre, se chargera de sa profession de foi.

Un pareil aveu de ma part, pourra peut-être paroître partial; mais quand je réfléchis que je suis un mari, et un mari outragé, je m'imagine que les honnêtes époux doivent se mettre à ma place.

La lubricité la plus raffinée, les vices les plus honteux, forment l'appanage de ma très-chère épouse; les preuves sont dans mes mains, et indépendamment de ses amans cy dessus mentionnés, le nommé *Lyonnays*, cy-devant, dernier garde, de *Louis le dernier*, vint poser un fleuron de plus à ma couronne.

Un volume in-folio, pourroit à peine contenir la liste des noms de ceux qui m'ont débarrassé du devoir d'embrasser ma femme, et qui ont partagé ma couche nuptiale, (1). Quelque jour, je les nommerai avec d'autant plus de certitude, que je les regarde comme de bons amis, (2) Ils m'ont fait connoître ma femme.

Dans ce malheur, commun aux hommes qui se marient, dans ce malheur désagréable, je vois un imbroglio. C'est que madame *Tisset*, n'en vouloit pas qu'au cœur; elle attaquoit en même tems la bourse et la santé, jugez du rôle que me faisoient jouer, les victimes des appas flétris, de Madame ma femme.

Pourquoi ne détaillerois-je pas l'ignominie de *Sophie Besongne*, tant pis pour ses amans qui peuvent y avoir été attrapés, mais dans le cours d'une année, le messager des dieux, *Mercure*, ou si l'on m'entend mieux, le jus de *Barometre*, circula trois fois dans ses veines.

Le trois de février, elle osa franchir les bornes du devoir et sa bassesse, je manifesta jusqu'à me voler. (3). la perte de son squelette gangrene m'étoit indifférente; mais tout à la fois, cocu, bafoué, volé, peut-être blamé, ajoutez une sommation de divorce, alors il faut bien se montrer.

Sa servante Magdelon Adrian, et mon commis *Jambin*, l'agent secret des plaisirs de Madame *Tisset*, furent les complices de son coquinisme, les uns et les autres s'évaderent ensemble.

Je jette maintenant un coup-d'œil sur ma vertueuse épouse, réfugiée chez la femme *Roseau*, rue de la coutellerie numéro 29. Je prendrai celle-ci, comme une femme très-complaisante envers les femmes infidelles.

La peine dans le cœur, je fis une visite à Madame *Tisset*, ce fut une visite d'époux offensé; elle s'en plaignit; le résultat de cette aventure, fut qu'au gré de mes desirs, elle se réfugia chez son beau frère, le nommé *Redinger*, aubergiste rue fontaine, au Roi, vis-à-vis la manufacture de porcelaine, qui à coup sûr,

____

(1). Pendant que j'étois à la poursuite des agens de la ci-devant liste civile.

(2). Excepté *Jarousseau*, qui avoit ma confiance.

(3). Jusqu'à mes chemises, bas, et les draps qui étoient au lit, et à Laisser dans le quartier des dettes qui prouvent la dépradation de de mœurs.

ne connoît par le meuble fracturé et vermoulu dont
il s'est chargé.

Je ne m'étendrai pas davantage sur cette matière,
et me contenterai d'y annexer les copies de mes preuves. Je vous prouverai que j'ai esquivé la V***. Un
certificat de son médecin, en bonne forme, peut l'as-
surer. Et une lettre écrite et signée par elle, prouve
qu'elle en étoient attaquée de la tête aux pieds.

J'ai une lettre attestant que *Sophie Besongne*, fût
la *Maq...* d'une jeune femme égarée, qu'elle ne sût
que trop séduire, *et que je ne nomme pas par égard pour
son honnête mari*, toutes les preuves de ce libertinage, sont entre mes mainsr. Les réfléxions touchan-
tes de sa mere ne purent l'arêter, j'en ai pour caution,
les lettres qu'elle en a reçûes.

Ami des mœurs, je foule aux pieds, tous les préjugés qui peuvent nuire à la tranquillité publique.

Je ne m'arrêterai point à vous donner le signale-
ment de ma femme, *tout le monde la connoît!* De mar-
che effrontée, cheveux chatains bruns, yeux gris, vi-
sage maigre et plombé, annonçant les *frictions*, telle
est ma femme; la dame est très-élégante; elle ne se
réfusoit rien, et qui payoit c'étoit moi, moi Tisset, etc. etc. etc.

Je passe à l'examen de mes preuves : en signant
que ma femme est une prostituée, j'attends son dé-
menti juridique, ainsi que la protestation de ceux que
j'ai mis en partie dans son libertinage.

TISSET, *rue de la Barillerie*, *n*°. 13. *A Paris*, *ce*
16 *mars* 1793, *l'an deuxième de la République Française.*

SUPLÉMENT INTERESSANT,

A annexer à la liste des exploits amoureux de Sophie
Besongne, *femme* Tisset, *et à la somme de mes
infortunes ; contenant les pièces justificatives que le
hazard m'a mises entre les mains celles que la délicate
probité m'a procurées pour en faire usage, afin de
prouver que je fus de tout temps un mari pacifique
au sein de mon ménage, et un citoyen utile à la république française, à mes risques et périls.*

Semblable au Jodelet de *Scaron*, ma femme me force
à convenir que *je le suis.....eh bien soit! je le suis; si*

j'avois pû être le surveillant perpétuel de *Sophie Besongne*, peut-être l'aurais-je été moins de fois ; mais des commissions respectables, nécessaires et sacrées, m'arrachaient de mes foyers, et pendant que j'étois occupé à découvrir les noirs complots, les traîtres, les fabricateurs de faux assignats, une femme, *ma Sophie*, me posait sur la tête, et le tout en reconnoissance de mes peines, non le pompon de la liberté, mais le panache d'*Actéon*.

Frères et amis, je le répète, je me suis mêlé et je me mêle encore de concourir à la découverte des ennemis de la république, des prévaricateurs aux loix constituées, des diliapidateurs innombrables qui s'enrichissent aux dépens du peuple ; injustice et ingratitude, voila ce que j'ai éprouvé ; ma récompense, en revoyant mes Dieux Penates, fut de me trouver bien et duement panaché ; mais c'est-là la plus foible, ah ! très-certainement, oui, la plus légère de de mes disgraces.

La plus vive, celle dont mon cœur est affecté ; c'est que sans être salarié, j'abandonnai ma maison depuis le 25 août 1792, jusqu'au 9 décembre de la même année, qu'en résulta-t-il ? à mon arrivée ? je me trouvai volé par ma très-digne et sensuelle compagne ; ajoutez à cela la peine infinie que j'eus à obtenir la rentrée de mes déboursés, ces deux inconvéniens réunis sont plus que suffisans pour faire tourner la tête à un citoyen honnête, qui ne s'est distrait de ses occupations que par quelques apparitions chez lui, où tout le trompait pendant son absence, femme, commis, valet et servante.

Quel fût cependant le résultat de mon voyage au profit de mon pays ? je rapportai un nombre considérable de pièces de conviction contre le dernier tyran des français, et les agens perfides de ses complots affreux.

Le neuf juin 1792, au commencement de ma mission, je découvris à l'hôtel de la force une fabrication de faux assignats de deux mille livres et autres sommes.

En me livrant à cette inspection utile, j'ai attiré sur ma tête la vengeance des malveillans, l'animosité des scélérats ; heureux encore si la mort n'est pas le fruit de mon zèle ; je ne serois pas le premier ; (1) reste donc à mettre en évidence mes pièces justificatives.

(A) Un titre contre la femme de *Jarousseau* ; qui à cette

---

(1) L'on trouvera au comité de la section du Pont-Neuf des notes sous mon chachet, qui indiqueront la manière d'informer sur l'assassinat dont JAROUSSEAU m'a menacé (si je me permettois de le démasquer) en présence de témoins qui y sont dénommés.

époque manquoit dans son ménage du plus nécessaire à la vie par la conduite déréglée de son mari...

2°. Une réunion à la suite d'un aveu de crimes attentatoires à la tranquillité des maris, me fit reprendre Sophie Besongne.

3°. Une lettre écrite au chirurgien Leroi, par ma tendre épouse, en date du 9 octobre 1792, où elle se plaint que les frictions mercurielles ont été trop sur-abondantes, et qu'à la suite du mal vénérien elle craint le scorbut.

4°. Un certificat d'un docteur en médecine en date du 5 novembre 1792, pour pareille infirmité.

5°. Extraits des lettres d'une mère vertueuse, mais foible, à une fille libertine et hardie, *Sophie Besogne*.

6°. Extraits des missives perfides qu'écrivait une femme criminelle à un époux honnête, sous les noms de Sophie Besongne, femme Tisset.

7°. Enfin, une lettre significative de mon commi Jambin, l'Apôtre, le confident de ma très-chere, où il me marque que le désir d'être au près de moi est seulement ce qui l'anime, peut-être qu'en cet instant son emploi de messager d'amour l'attachait au service de madame Tisset ; c'étoit une raison pour désirer d'être le commensal de ma maison.

8°. Extrait d'un procès-verbal fait pardevant le commissaire de police de la section du Pont-Neuf, qui constate que le nommé Jarousseau, sous le nom de Joseph, se disant domestique marié à Bordeaux, a loué une chambre garnie, à l'effet d'y faciliter son commerce illégitime avec la dame Tisset.

Extrait de l'acte fait double entre nous chez un avoué, rue des Bourdonnois.

Moi, femme Tisset, reconnois que c'est à tort, sans motif, et d'après de mauvais conseils, que j'ai provoqué contre mon mari une demande en séparation de corps et de biens, et en conséquence je déclare que je me désiste de ladite demande et de toutes prétentions à cet égard, me soumettant à rentrer chez mon mari, et à vivre avec lui en bonne amitié et intelligence.

Et moi, Tisset, je consens recevoir ma dite femme, oublier le passé, la traiter avec égards et amitié ; fait double entre-nous à Paris, ce 2 février 1792.

Aprouvé l'écriture ci-dessus, femme TISSET.

Aprouvé l'écriture ci-dessus, TISSET.

(A) *Titre contre la Femme Jarousseau , et qui subsiste entre mes mains, malgré les demandes faites à son échéance.*

Je promets payer au 26 d'Avril prochain , au sieur *Tisset* , la somme de vingt livres, dix sols qu'il m'a prêtées pour être employées aux besoins de ma maison, à Paris , ce douze Mars mille sept cent quatre-vingt douze. Approuvé l'écriture ci-dessus et *Signé* Femme JAROUSSEAU.

Bon pour vingt-livres dix sols.

Copie entière d'une lettre que la lubrique Sohie Besogne , femme Tisset, a écrite au citoyen Leroi, chirurgien de Paris, pour lui faire des reproches de ce qu'il ne la guérissoit pas, (quoi qu'elle ne prétendoit pas se soustraire à aucune débauche), ladite lettre avoit aussi pour motif de payer en sottises ledit chirurgien, qui n' areçu que quinze livres sur ce deuxième traitement , qui se fesoit à mon insçu; pauvre mari ! on reconnoîtra dans cette lettre que les mots tecniques en maladie vénérienne étoient parfaitement connus de Sophie, femme Tisset!

Paris, ce 29 Octobre 1792.

Monsieur , l'époque , où mon traitement a commencé m'importe fort peu , son souvenir ne sert qu'à m'affliger d'avantage , deux mois et demi de remède ússent dû sans doute suffire à la guérisons d'une maladie très légère dans son principe ; mais la chose n'est pas ainsi , et le détail que je vais faire de ma position , suffira pour vous en convaincre.

Peut-être même fera-t-il naître en vous les reproches que j'aurais droit de vous adresser.

J'éprouvai , il y a quinze jours , une démangaison très forte aux parties , bientôt elle fut suivie de l'éruption de quelques boutons , cet accident m'affecta vivement , il me fit soupçonner ma prétendue guérison ayant eu occasion de voir un médecin , je lui détaillai exactement tous les remèdes que vous m'avez administrés , et lui demandai son avis sur mon état , sa réponse me surprit. Après m'avoir beaucoup questionnée , il me dit qu'il ne me croyoit point guérie , que ma maladie lui paroîssoit avoir été seulement blanchie , il ajouta que pour me tranquilliser il me conseilloit de prendre quelques bains , et de faire usage d'une tisanne qu'il m'indiqua , me disant que si ma guérison n'étoit point réelle, les simptômes ne tarderoit pas à paroître, son prognostique, n'a été que trop vrai : après le cinquième bain, des pustusle plates, remplies d'une eau très aigre jaunâtre, et qui en découlent me cause les plus fortes démangeaison, j'ai persistées et le huitième bains, a rappellé ma perte, qui tache mon linge en jaune foncé, et non pas en brun clair comme elle le fesoit dans le commencement, enfin monsieur, il a parù sur mes jambes, et mes cuisses des taches brunes, qui avec l'engorgement de mes gencives, et leur facilité à saigner sous le moindre contact annoncent un principe descorbut provenant, à ce qu'on ma dit du mercure que vous m'avez très mal administré.

Vous voyez sans doute monsieur, combien j'aurois de droits à vous reprocher votre traitement, puisqu'il ma jettée dans un état beaucoup plus sérieux que celui dans lequel j'étois, lorsque vous entreprîtes ma guérison;!

Je pense qu'après avoir abîmé mon tempéramment et m'avoir mise dans le cas de súbir un traitement beaucoup plus long et plus dispendieux que celui qui auroit suffi dans le principe de la maladie, vous aurez la délicatesse de vous contenter, des sommes que vous avez déjà reçues. Votre amour propre vous prouvera la nécessité d'une telle conduite, je serois lâchée que votre persévérance me forçat, à porter atteinte à votre réputation, en m'obligeant à dévoiler l'injustice de votre demande.

Je termine en vous rappellant les dépenses inutiles que vous m'avez causées, et suit très parfaitement. *Signé, femme* TISSET.

Je soussigné, docteur en médecine de la faculté de montpellier, certifiée avcir été appellé par la dame Tisset pour la traiter d'une maladie que je déclare être vénérienne et n'avoir pas été convenablement traitée par les remèdes déjà administrés, et en outre avoir commencé un nouveau traitement, ce premier octobre, de l'an premier de la République Françoise, le présent certificat pouvant servir comme de droit à Paris ce cinq novembre 1792, l'an premier de la République. *Signé* CRESPIN. D. M.

Extrait d'une lettre écrite, par madame BESONGNE, *à sa fille, femme* TISSET.

Rouen, ce 10 Septembre 1791.

Crois moi mon enfant, le cœur de ton mari est

bon à ce que tu m'as dit bien des fois, hé bien,
Quand il aura reconnu en toi, que tes seuls desirs
son de le satisfaire, il te rendra cette confiance dû
à une bonne et aimable épouse, etc etc

Signé veuve BESONGNE.

Autre extrait de ce que madame BESONGNE *ma
belle mère m'écrivit, sans datte.*

Embrasse bien ta petite femme pour moi, qu'en
voyant l'état de sa sœur, cela lui donne de l'économie, et qu'elle pense que dans le temps où nous
sommes il peut venir des revers.......

Votre amie et mère veuve BESONGNE.

*Extrait d'une lettre écrite par Madame Besongne, à sa
fille aînée, femme* Riedingere, *demeurant rue Fontaine-
au-Roi, N°. 8, à Paris.*

Rouen, ce 26 Septembre 1791.

..... Embrasse ta malheureuse sœur pour moi (en
lui parlant de sa fille, *Sophie, femme Tisset*). Recom-
mande à ta sœur de bien observer ce que je lui ai
dit, beaucoup d'économie, point de coquetterie, se
dévouant absolument à sa maison et ne penser qu'à
faire le bonheur de ce qui l'entoure, ...etc.

Signé veuve B E S O N G N E.

*Extrait d'une lettre de madame veuve Besongne, à sa
fille, femme* Tisset.

De Rouen, le 6 Février 1793, onze heures du soir.

Ma fille votre dernière lettre m'a fait verser des
larmes; ma bénédiction que tu m'y demande ma
montré que ton cœur n'étoit pas encore tout-à-fait
perverti; ... enfin ma fille oubliant le passé donne
moi la satisfaction de n'entendre articuler que des
louanges de toi sur ta bonne conduite, reviens de
tes erreurs, etc. *Signé* veuve B E S O N G N E.

*Extraits des différentes lettres que la fille Sophie Beson-
gne, femme* Tisset *m'écrivoit lorsque j'étois en voyage,
et qu'elle me trompoit le plus.*

Du 2 Octobre 1792.

... Tous nos petits se portent bien, ta fille est
belle comme un astre, quand je la vois je la baisse
mille fois à ton intention.....

Il m'ennuie bien de ne te pas voir, tâche de prendre
une occasion pour faire un petit tour.... Adieu,

mille baisers, et te prie de me croire ta bonne amie, et femme TISSET,

    Idem. *d'autre date du 11 courant.*

Mais, comme à Rouen tu dois avoir besoin de monde, prends *Jambin*, (alors mon commis), j'aurois plus souvent de tes nouvelles, et puis il m'est affreux de te voir tout seul dans un pays où je sais que l'aristocratie règne, ...

Je ne vi pas tranquille.... Je suis épouse et mère ; tu dois sentir combien tu m'es cher.... et vais voir si il me sera possible de m'absenter quelque jours pour te voir, car j'en ai autant d'envie que toi, et je brûle de baiser bien fort mon petit homme ; .... mille baisers, ton amie.

       Femme TISSET.

   Idem. *D'autre date du 13 Octobre 1792.*

Je t'embrasse de tout mon cœur, nos petits, enfans se portent bien ainsi que mon frère et ma sœur, il te disent mille choses, et me crois pour la vie ta bonne amie, femme TISSET.

    Idem. *D'autre date du 11 Septembre 1792.*

Adieu, je t'embrasse mille fois, dépéches-toi devenir réchauffer ta petite femme, car la nuit je commence à avoir froid. *Signé* Femme TISSET.

    Idem. *D'autre date du 17 Septembre 1792.*

... Mille baisers.... et au nom de notre amour ne t'expose pas, je t'ai rêvé toute la nuit...

      Femme TISSET.

   Idem. *D'autre d'ate du 19 Septembre 1792.*

... Je t'embrasse de tout mon cœur, et me croit pour la vie, ta bonne Femme TISSET.

    Idem. *D'autre date du 22 Septembre 1792.*

Mon bon ami ta lettre m'a fait bien de la peine je n'ai pu la lire sans un tremblement général, écris moi, je te prie, tous les jours... prends toujours de bonnes escortes, ... mais de grace ne t'expose pas ; ; . Songe que, quoique bon citoyen, tu est époux et père... Ta bonne amie Sophie, Femme TISSET.

    Idem. *D'autre date du 26 Septembre 1792.*

Je t'envoie dix baisers sur le bec, et voudrais bien pouvoir te les donner à toi-même....

     Amie Sophie TISSET.

Extrait d'une lettre que Jambin, mon commis, m'écrivit lors que je lui annonçais ne pouvoir plus l'occuper; en date de Paris, le 11 Septembre 1792.

La Citoyenne Tisset, votre épouse, m'a fait part de la lettre que vous lui avez écrite; vous ne sauriez croire avec quelle peine je l'ai rachevée... S'il vous restoit quelque bon souvenir à mon égard... Que vous puissiez me procurer une place, telle qu'elle soit, pourvu que je sois au près de vous, et que je puisse partager avec vous, si ce n'est la fortune, que ce soit la confiance et la bonne réputation dont vous jouissez d'être utile à la République Française.

Signé J A M B I N.

Extrait d'un procès-verbal rédigé par le C. Commissaire de Police de la Section du Pont-Neuf, d'après la plainte que moi TISSET, me suis trouvé en droit de rendre contre le nommé Jarousseau et Sophie Besongne, femme TISSET, en date du 20 Février 1793, et les témoins entendus, le 23 du même mois et an.

Le citoyen *Husson*, tenant hôtel garni, rue St.-Anne aux Palais, numéro 15. A Paris.

Déclare, qu'un particulier qui avoit loué, chez lui le neuf mai 1792, une chambre au premier étage, moyennant la somme de 12 liv. par mois, sous la condition expresse que ladite chambre ne seroit occupée par lui *Joseph*, que de jour (nom sous lequel s'est présenté ledit Jarousseau,) se disant domestique, et ayant son épouse, que les personnes chez lesquelles il étoit, ignorant son mariage, contracté à Bordeaux, il y avoit à peu près deux ans, et ne pouvant voir son épouse dans la maison où il étoit, il prenoit le parti, pour voir sadite épouse, de louer une chambre, qu'il ne s'i rendroit que de jour .... *Déclare*, par suite qu'il a pu découvrir, que le nommé *Joseph* étoit le nommé *Jarousseau*, c'est qu'à l'époque où ledit *Joseph* domestique, quitta la chambre, le 15 septembre dernier, il étoit redevable à lui déclarant d'une somme de trente liv., qu'il chercha les moyens de s'en faire payer. .... etc. *Signé* HUSSON.

La citoyenne *Husson*, femme du dernier, *déclare*, se déférer au dire de son époux, et quel se réserve d'ajouter à ladite déclaration..... qu'ayant dit à une de ses voisines qui lui parloit dudit *Joseph*, qu'il lui devoit , et qu'il y avoit long-temps qu'elle ne l'avoit vû ; cette même voisine l'avertit un jour que ledit *Joseph* étoit à parler à la dame qui venoit chez-elle , déposante, rue de la Barillerie , qu'elle fût promptement dans ladite rue , et rejoignit ledit *Joseph*, qu'alors elle lui demanda l'argent des deux mois et demi de loyer de sa chambre garnie , ledit Joseph lui dit que cela étoit juste , et qu'à cet effet il passeroit chez son mari.

Mais que l'attente d'elle , déclarante , fût vaine ; elle fit alors usage de la connoissance qu'elle avoit de la dame qui se rendoit chez-elle , lors des visites du dit *Joseph*, l'ayant reconnue pour une de ses voisines , et demeurant rue de la Barillerie , ou elle tenoit une boutique de mercerie , sous le nom du citoyen *Tisset*, dont elle a sû depuis qu'elle étoit l'épouse , ou passoit pour telle.

Un jour étant allé trouver ladite dame , lui demanda le domicile dudit Joseph, qu'elle apprit alors que ledit *Joseph* étoit le nommé *Jarousseau*; qu'on l'envoya en-vain au faubourg Saint-Antoine ; elle revint chez la dame *Tisset*, qui lui promit de lui donner quelqu'un qui étoit chez elle (1) pour la conduire chez ledit *Joseph*, que cela eut lieu peu de jours après , et qu'elle fût étonnée de retrouver le nommé *Joseph* dans la personne du nommé *Jarousseau*, rue J. J. Rousseau, vis-à-vis l'hôtel de la poste aux lettres ; que le jour qu'elle fût chez ledit *Jarousseau*, il lui dit que la dame *Tisset* devoit payer cette location , et persista dans son dire.... que ce fût plus de six semaines après cette visite qu'elle reçut par les mains du domestique de cette dame une somme de douze livres , qu'elle déclarante a été plusieurs fois chez cette dame , qui lui a promis de la faire payer , que jusqu'à ce jour ses promesses ont été infructueuses , non-seulement elle n'est pas payée , mais que la mauvaise foi de *Jarousseau* lui fait perdre six livres pour ses futiles contestations , pour quoi, elle déclarante , dit seulement douze livres.

Signé , LETELLIER , *Commissaire de Police*. L. STERKY , *Secrétaire-Greffier*.

------

(1) C'est le M. Q. JAMBIN , alors mon commis.

RÉSUME général de la conduite de Sophie Besongne.

Je conclus ces objets intéressans en indiquant aux citoyens honnêtes les lieux qu'habite ordinairement madame *Tisset* et quelle fréquente avec délices (1) les mœurs y gagneront, la chasteté des femmes, l'innocence des filles n'y seront point exposées, car *Sophie Besongne*, fait usage des deux sexes.

Une T...b... de son genre, fut parvenue jusqu'au trône à l'exemple de jules de *Polignac*, madame *Tisset* jalousoit cette femme, et eut voulu partager ses travaux libertins. Les nommés *Braizé*, maître des cérémonies de Louis le dernier, et *Brissac* colonel des ci-devant gardes de ce traître monarque, auroient pu lui servir en cette circonstance, aussi regrette-t-elle journellement de ne s'être pas fait reconnoître à ces illustres scélérats pour une de leurs parentes, à eux de qui elle dit être cousine.

P. S. La modicité de mes moyens ne me permet pas de faire circuler plus de 3000 de ces exemplaires. Que les citoyens amis des mœurs se le prêtent alternativement, ils connoîtront *Sophie Besongne* et *Jarousseau* (2) le coquinisme, l'abus des mœurs, un luxe impudent, voilà leurs appanages mutuel.

---

(1) Le Lycée de la rue Dauphine. Les demoiselles Vautrel hôtel de Reims, rue de la Verrerie. quelques professeurs de collège. Restaurateurs complaisans, et les cabarets à cabinets.

(2) Voilà les mœurs d'une grande partie des gens employés à la tête des administrations. et des places de qui dépendent la sureté et les intérêts de la République Française.

J'ateste que les faits contenus dans ces seize pages son des vérités les plus anthentique ; et je déclare que j'en enverrai aux comités de chaque section, aux accusateurs publics, et aux administrations de Paris aux rédacteurs te imprimeurs des journaux. *TISSE rue de la Barillerie, n . 13. A Paris. ce 16 mars 1793, l'an second de la répnblique française une et indivicible.*